Two-Sideways

二刀流

平野歩夢

Contents

写真	篠崎公亮
編集·執筆協力	池田 圭
デザイン	尾崎行欧、宗藤朱音 （尾崎行欧デザイン事務所）
執筆協力	櫻井 卓
校正	鷗来堂
編集	大澤政紀 （KADOKAWA）

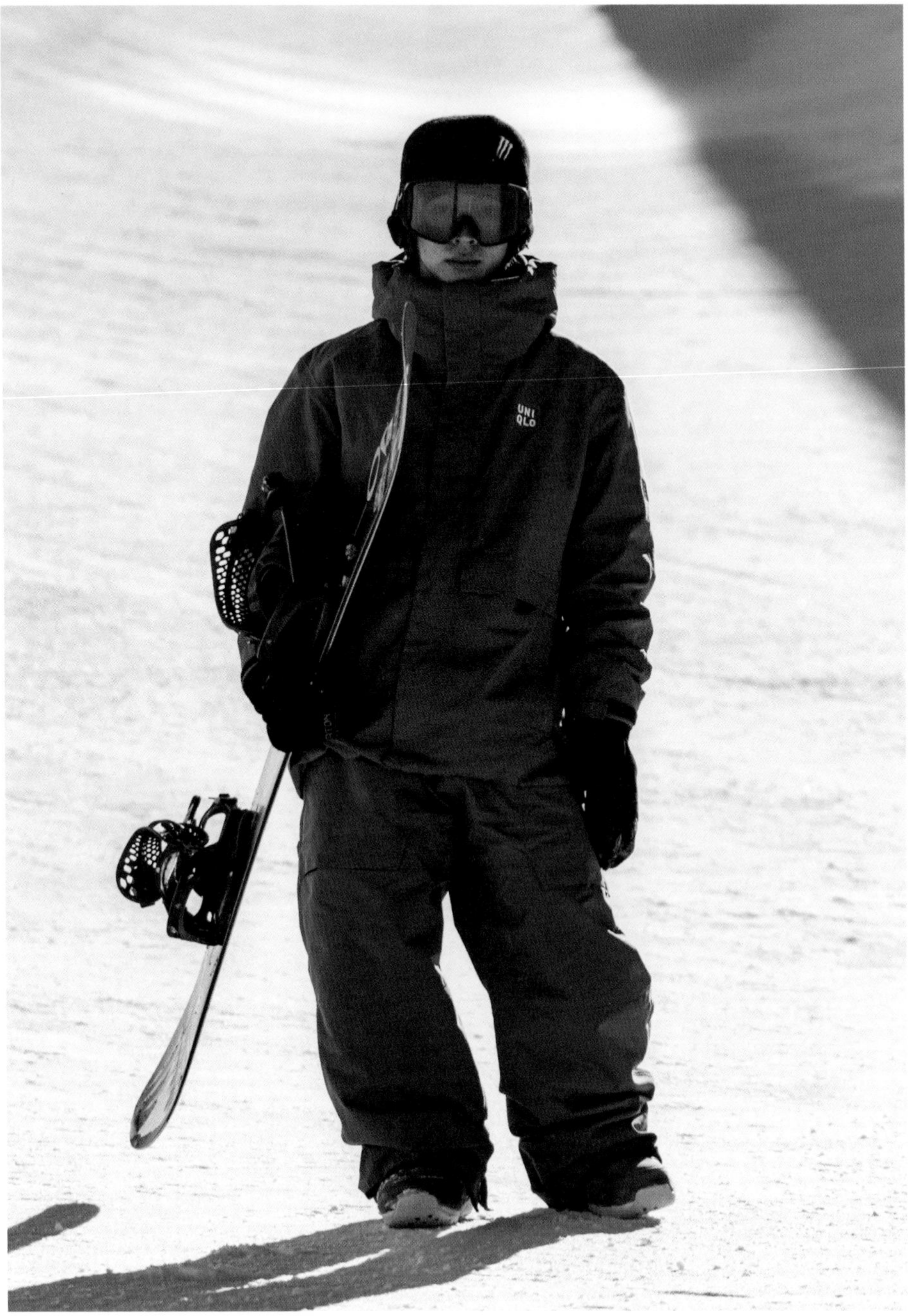
UNI
QLO

RESSO
UNI QLO
NIKE
UNI QLO
GROUP

二刀流挑戦を宣言

二刀流宣言。

それは平野歩夢にとって、自分自身との戦いの宣言でもある。

「誰もやっていないこと」

平野が繰り返してきた言葉だ。

彼がスケートボードとスノーボード、両方の競技でオリンピックを目指すと宣言したのは２０１８年11月。２０１４年、弱冠15歳でソチオリンピックの銀メダリストに輝いたのに続き、平昌オリンピックで2大会連続の銀メダルを獲得してから、9ヶ月後のことだ。会見の場で残した「同じタイミングで始めた競技。オリンピック種目になってしまった以上は、スルーするわけにはいかない」という言葉も印象的だった。

２０２０年（当時予定）に開催される東京オリンピックでスケートボード、２０２２年の北京オリンピックでスノーボードへの出場を目指すこの挑戦。これまで、夏冬の両オリンピックに出場したことがある日本人は4人しかいない。

スケートボードを始めたのは4歳のときで、スノーボードよりも半年早くスタートしている。二刀流宣言は今回が初めてではない。小学2年生のときに、天才スケートボード少年として取り上げられたテレビ番組では「スノーボードとスケートボードの世界一になりたい」とコメントを残している。スルーするわけにはいかないのだ。

本人が「サッカーとバスケットボールくらい違う」と語るほど、じつは2つの競技は異なるものだ。平野のスノーボードでのライバルであり、オリンピックで3度金メダルを獲得しているレジェンド、ショーン・ホワイトでさえも、途中で断念せざるを得なかった前人未踏の挑戦である。

平野はトレーニングの一環としてスケートボードは取り入れていたものの、競技としてのスケートボードからは10年以上離れていた。しかも通常のオリンピックであれば、4年の準備期間があるが、二刀流となると単純計算でも半分になる。もちろん、両者を同時に練習しなければいけない期間も出てくるし、出場する大会のスケジューリングなども段違いでシビアになる。もしかすると、スノーボードで金メダルを取ることよりも難しいかもしれない。

「スノーボードだけ極めていくほうがラクだとは思うんです。宣言当初はそもそも実現できる要素もほぼないような状態だったし、知らない世界に飛び込むこと自体に不安はありました。でもチャレンジとは、そもそもそういうものだと思う。失敗をしていくこと、それを積み重ねていくこと。

それを自分の糧にする」

原動力となっているのが、冒頭の「誰もやっていないこと」という言葉だ。これまでにも、日本人初となるスノーボード競技のメダリストに輝き、ソチオリンピックでは15歳74日という冬季オリンピック種目の日本人として最年少メダリスト記録も打ち立てた。世界で初めて、ダブルコーク1440（縦2回転＋横4回転）を連続でメイクしたのも平野だ。

「昔から自分にしかできない表現というものにこだわってきました。そういう意味では、この二刀流というのは自分にとってすごく大きい。もちろん苦労や不安もたくさんありますが、そんな経験ができるのは二刀流に挑戦している自分だけ。スノーボードだけを続けていたら、スケートボードに挑戦することで感じる不安や、自信のない部分って味わえないと思うんです。またチャレンジャーの立場でゼロから上を目指すことで、今後スノーボードに戻るうえでも初心だったり、挑戦だったり、そういう面にも再び意識が行くようになるのかなという期待もあります」

二刀流に取り組むことによって、新しい世界を見てみたいという想いは強い。スノーボードでは世界のトップ選手として不動の地位を得ている現状に満足せず、つねに〝もっと〟を追い求める。そんな求道的な姿勢も平野の魅力のひとつ。滑りだけでなく、その生き方もチャレンジの連続だ。

「スノーボードで競技を主眼に置くと、当然、勝つことがとても重要になってくる。自分と、ではなく他人と競うことがメインです。それによって得てきたものも多いのですが、一方では自分と向き合う、自分のしたいことをする、という面はどんどん薄くなってきている。俺は自分との戦いも大切に考えているので、スケートボードというほとんどゼロからの挑戦をすることで、そこがより明確に見えてくるんじゃないかという期待はありました」

人はついつい、楽なほう、得意なもの、知っていることに寄って行きがちだ。でも平野は違う。これまでの実績にあぐらをかくことなく、つねに先へ、より高く、未知へと繋がる道を選ぶ。それがたとえ厳しいものであっても、それを自分の成長の糧だと信じ続ける。

東京オリンピック開幕直前、「宣言した当時の自分に向かっていま、言葉をかけるとしたら？」と質問をすると、彼は少し考えたあと、一言こう答えた。

「間違っていない」

AVAILABLE
760-472-5625

UNI
QLO
BURTON
NIKE
OAKLEY
KINOSHITA
GROUP

with Shaun White

BURTON

REAL
SKATEBOARDS
REAL
SKATEBOARDS
REAL
SKATEBOARDS

UNI
QLO
REAL
SKATEBOARDS

SPEED
LIMIT
15
STOP

激動の3年間の始まり

2021.7 Los Angeles, California, USA

二刀流は時間との勝負でもあった。二刀流宣言から2年後に東京オリンピック、そしてその2年後には北京オリンピック。その短いスパンの中で、両方の代表に選ばれるということの難しさは、容易に想像がつく。

二刀流宣言後、平野の生活は激変する。まず、スケートボードに専念するために、２０１９年シーズンはスノーボードの大会出場や練習は全て中断した。

「いままでは10年間くらい、毎年何月にはこの大会、というように同じルーティンでスノーボードのツアーを回って1年を過ごしてきました。でも、スケートボードを始めてからは、全てが新しい感覚で、すごく刺激的でした。会う人も違うし、乗ってるものも違うし、初めての場所にも行く」

平野はこのルーティンを越えた未知をも乗りこなしたいと考えていた。

「もしもスケートボードに挑戦していなかったら、次の冬季オリンピックに向けて、平昌のときと同じような4年間を過ごすことになっていたと思います。このチャレンジは平昌オリンピックまでの4年間と、北京オリンピックまでの4年間を違うものにしたいという気持ちも影響しているんです」

時間は足りないながらも、２０１９年の時点では平野の中である程度明確なプランができていた。

しかし２０２０年3月。そのプランは大きく揺らぐ。新型コロナウイルスの影響を受け、東京オリンピックは大会史上初めての延期を決定。大会開催は２０２１年8月にスライドし、２０２２年2月に予定されている北京大会を含め、半年間に夏冬2つのオリンピックが催されることになった。つまり、スノーボードだけに集中して北京に備えるための期間は、たった半年しかないという状況になってしまったのだ。

延期が決まった3月からは全ての大会が中止。平野は地元の新潟県村上市で地道なトレーニングを繰り返した。午前中はスケートボードのバーチカルの練習と、雪がなくても練習ができる専用施設でスノーボードのエア。午後は村上市のスケートパークに移動し、パークの技術を磨く。１日９時間以上滑り続ける毎日。それだけやらなければ、２つの競技を並行して行うには準備が間に合わない状況だった。体にもダメージが残り、先が見えず、メンタル的にもキツい日々が続いた。

「もともと、いままでの限界を突破しなければ無理なことだとは分かってました。スケートだけやってきた人たちと俺とでは、練習の絶対量は比べものにならない。足りないのは時間だけじゃなくて、技術的にもメンタル的にもまだまだ。二刀流に挑戦すると決めたときから、そのあたりは分かっていたことです。だから人一倍やらないと仕方がないし、なにも始まらない」

誰もやったことがないことに挑む平野にとって、オリンピック延期はけっしてネガティブなことだけではなかった。そんな苛酷な状況すら、貴重な経験だと捉えられるのが平野の強さだ。わずか半年の間に2つのオリンピックを経験した人間は、歴史上１人もいないのだ。

「コロナのせいでなんて考えていられないくらい自分のやるべきこと、やりたいことがあったので、それどころじゃないっていうのもありましたし。でも、オリンピック延期という事実に対しては、正直『正面から捉えちゃったら、悪いほうにいっちゃうだろうな』とは感じていた。俺の場合は、それでなくても初めての二刀流という時点で不安が多いわけですから、ネガティブなほうに自分を持っていかないようには意識していました。とりあえず、今日、明日。意識を強引にでも、近くにフォーカスしていました」

そして２０２１年。その忙しさはピークを迎える。2月にはコロラド州アスペン、3月は日本でのトレーニングを経て、4月にはスノーの全日本選手権で2位に入る。4月中旬からは地元の村上に戻り、トレーニング漬けの日々。5月中旬にはアイオワ州でのスケートボードの大会に参戦し、そのままサンディエゴへと移動してパークを巡り、最終調整。文字通り世界を股にかけた怒涛のスケジュール。下手をすれば、両種目とも選考から落ちるかもしれないプレッシャーとも戦い続けた。

「スケートボードに寄せ過ぎたら、スノーボードが落ちるし、逆もまたしかり。どっちかに集中しなきゃいけないタイミングも多かったので、メンタル的なキツさはありました。自分としては、十分な準備ができているとは決して言い切れない。でも、踏むべき場所は踏めてきたとは思っています」

結果、見事夏への切符を掴み、冬のオリンピック出場に重要なナショナルチーム入りも果たしている。激動の3年間は、「常識」という名の限界を突破し、より強い平野歩夢に生まれ変わるために必要な期間だったのだ。

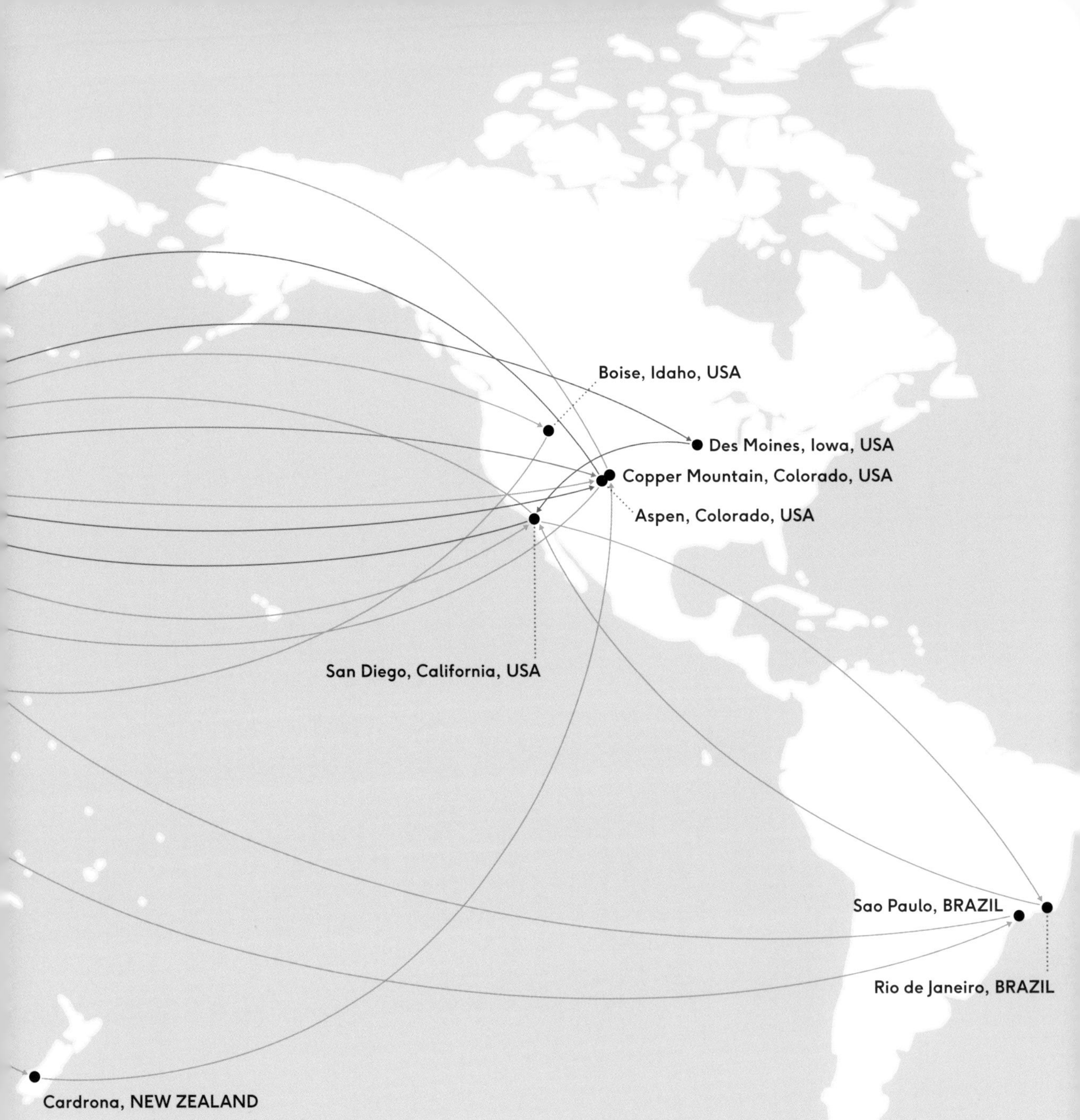

2020

January	Murakami, Niigata, JAPAN
March	Asakusa, Tokyo, JAPAN
March	Aomori, JAPAN
April	Murakami, Niigata, JAPAN
September	Saas-Fee, SWITZERLAND
November	Okinawa, JAPAN
December	Murakami, Niigata, JAPAN
December	Copper Mountain, Colorado, USA

2021

January	Murakami, Niigata, JAPAN
February	Aspen, Colorado, USA
March	Aomori, JAPAN
April	Hokkaido, JAPAN
May	Des Moines, Iowa, USA
May	San Diego, California, USA
July	Murakami, Niigata, JAPAN
August	Tokyo, JAPAN

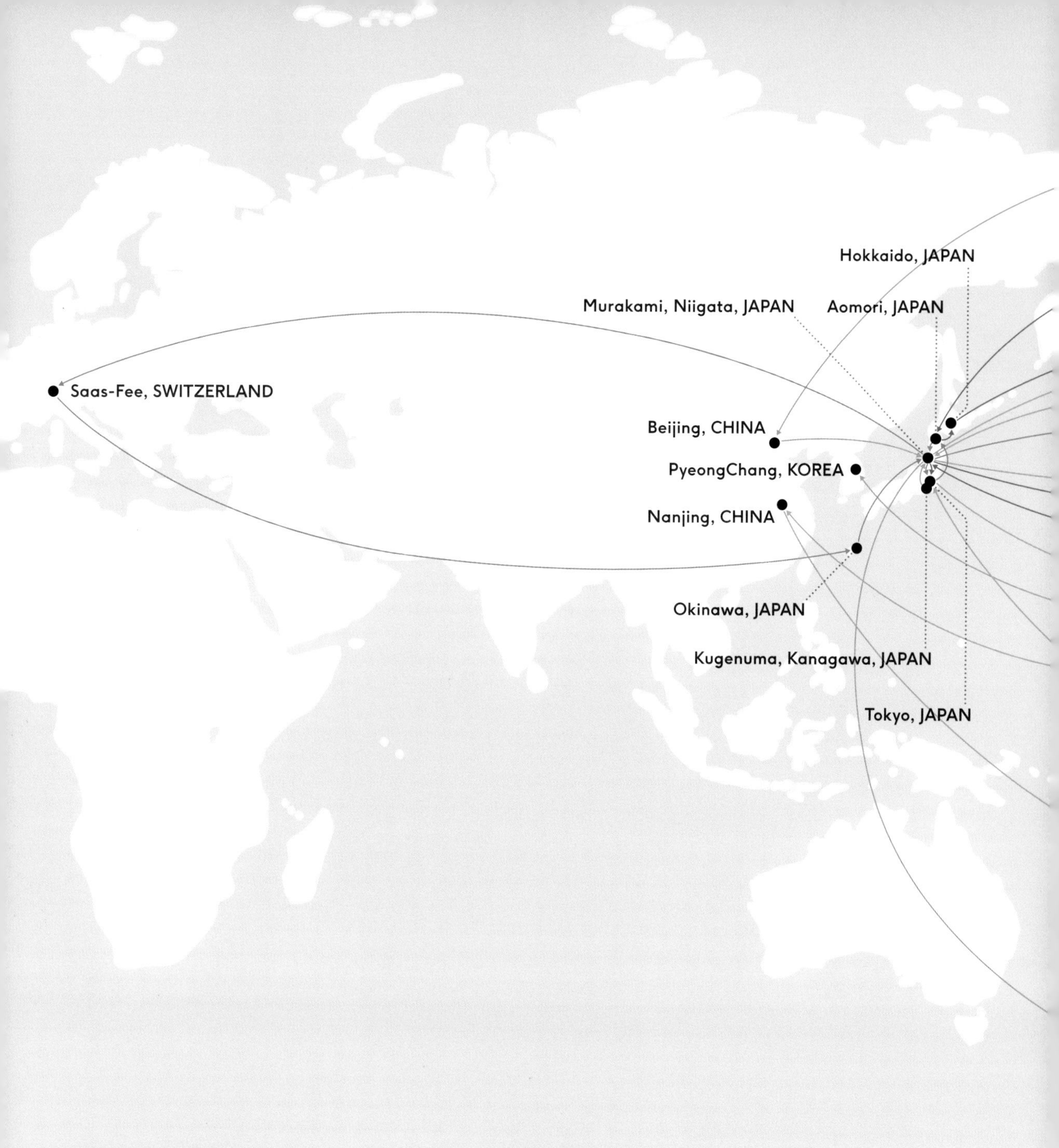

2017-2018

August	Murakami, Niigata, JAPAN
September	Cardrona, NEW ZEALAND
December	Copper Mountain, Colorado, USA
December	Beijing, CHINA
December	Murakami, Niigata, JAPAN
January	Aspen, Colorado, USA
February	PyeongChang, KOREA

2019

March	Kugenuma, Kanagawa, JAPAN
May	Murakami, Niigata, JAPAN
June	Boise, Idaho, USA
July	Nanjing, CHINA
September	Sao Paulo, BRAZIL
October	Tokyo, JAPAN
November	San Diego, California, USA
November	Rio de Janeiro, BRAZIL
November	San Diego, California, USA
December	Murakami, Niigata, JAPAN

この大会(Road To X GAMES)に
出るか出ないかはすごく迷った。
X GAMESの予選だし、きっとレベルは高い。
果たして、今の状態でその場に立ち向かえるか。
ギリギリまで悩んだけど、とりあえず行ってみようと。

2019.6 Boise, Idaho, USA

まだこの段階の俺の滑りは、スケートボーダーというよりは、
スノーボーダーとしての表現になると考えていた。
スケートを本職でやっている人たちに対して、
足りない部分はもちろんたくさんあるので、そこをどう埋めていくか。
結果が出なくても、出なくて当たり前だよねと受け入れながら
積み上げることで見えてくるものがある、
というのが今回の挑戦の意図でもあった。

2019.6 Boise, Idaho, USA

UNI
QLO
GROUP
UNI
QLO

エアターンを武器にしなきゃ、
目立たせなきゃと思っていたから、
エアは特に練習していた。
そこは見せたいな、って思っていた部分。
写真を見ると当時の気持ちを思い出します。

2019.6 Boise, Idaho, USA

2019.6 Boise, Idaho, USA

この南京での大会会場にはパークが2つあって、
どっちが使われるのかが直前まで曖昧だった。
結局、写真でイメージしていたのと違うパークが
使われることに決まって、現場で初めて会場を見ました。
そういうことも結構あります。

2019.7 Nanjing, CHINA

生·无可限
国际滑
INTERNATIONAL
官方合作

スケボーの大会で最大限の成績を出すことを
第一に考えて動けていたこの時期は、
余裕を持って大会に前入りできていたから、
調整のための日数はしっかりあった。
予選でやりたいことも見えていたので、
大会自体は楽しめました。
思っていたよりも滑れたなという感覚。

2019.7 Nanjing, CHINA

室内の会場だったからすごく暑くて、ジメジメしていた。
汗でデッキや手がかなり濡れて、
ライダーみんな体力勝負と思っていたコンテストだった。
あと、大会前になぜか急に顔が腫れて、
視界が遮られたり。ここではいろいろあったな。

2019.7 Nanjing, CHINA

2019.7 Nanjing, CHINA

2019.9 Sao Paulo, BRAZIL

大会前、会場以外で滑れる場所がこのパークしかなくて、
出場者がみんなここに集まって滑っていました。
結構な数のスケーターがいて、かなり盛り上がっていた。
大会とはかけ離れた空間。
日本人は俺1人だったから、
どう滑ったらいいんだろうなって思いながら滑ってました。

2019.9 São Paulo, BRAZIL

サンパウロの大会は、
この時点で自分のベストを尽くせて、
それがいい形で評価してもらえた。
順位も悪くなくて、着実にちょっとずつだけど、
目標とイメージに近づけていることが嬉しかった。

2019.9 Sao Paulo, BRAZIL

このサンパウロの大会会場は、
以前からスケートの映像作品でよく見ていたパークだったので、
「とうとう自分もここにきたのか」っていう不思議な気持ちになった。
実際に滑ってみると、うわー難しいなって。
ショーン・ホワイトやローペ・トンテリも参加していて、
自分以外にスノーボーダーが
スケートに挑戦しにきている安心感を感じました。
刺激になることも多かった大会でしたね。

2019.9 Sao Paulo, BRAZIL

ACT FOR FOOD

似て非なる2つの競技

同じ横乗り。スノーボードとスケートボードの競技は、素人目にはかなり似ているように感じる。平野が挑戦する2つの競技のルールを簡単になぞってみたい。

まずスノーボード・ハーフパイプ競技は、全長180m、斜度18度、壁の高さ約7mの半円状の斜面を滑り、計5、6回ほどのトリックで採点される。採点基準は主に3つ。高さ、難易度、完成度。空中での姿勢や着地の滑らかさも重要視される。

一方、スケートボード・パーク競技は、ボウルを45秒間滑り、約10回ほど行うトリックの完成度、難易度で採点される。ボウルの形状は会場ごとに異なるので、その特徴を短時間で把握し、対応する力も求められる。

ルールだけでも、これほど違う。それ以前に、これまでトップ選手として両立できているライダーが1人もいないということが、まったく異なる競技であることを示唆している。

「遊びで両方やっている人はたくさんいます。俺の場合は、両方の競技でトップを狙っているからこその難しさだと思います。俺がこれまでスノーボードに対してやってきたような姿勢で、スケートボードにも取り組まなければならない。これって相当キツいと思うんですよ。そこに至るまでの苦労も含めて、そういう体験って今までした人はいない。二刀流というのは話題作りでもなんでもなくて、その挑戦の先に広がっている自分にしか見られない世界を見てみたいという好奇心から来た決断なんです」

未知の領域に挑む者だけが体感する苦労。それすらも「自分だけ」という思いが、日々のキツい練習をプッシュする。

「自分の中では、まだまだ苦労しきれていないと思ってます。ここから先は、さらに難しくなる。スケートボードってスノーボードに比べると、技術を失いやすいという印象があるんです。スノーボードから2年くらい離れた時期もあったんですが、わりとすぐに戻ったんですよね。でもスケートボードで1ヶ月休むとかは考えられない。やってきたこと、できることが離れやすい。毎日イヤでも練習しなきゃ、という気持ちはスケートボードから学べた大きな要素です」

トップを目指す平野だからこそ見えているスノーボードとスケートボードの違いは、数え上げたらキリがない。そもそも道具が違うし、体の使い方も変わってくる。

「1日の間に両方を交ぜて練習することもありますが、スノーボードからスケートボードに移ると最初はちょっと調子が悪い。逆にスケートボードからスノーボードにシフトしたときは調子が良いんです。トリック時の体の使い方は、スノーボードが全身で飛ばしにいく感覚なのに対して、スケートボードは下半身。とくに足裏に集中する感じで上半身はあまり疲れません」

足が固定されていないスケートのほうが、足先の感覚はシビアだ。スノーボードの足がくっついている感覚を引っ張ってしまう影響は大きいそう。

ちなみにスノーボードに比べて、スケートボードのトリック回数は圧倒的に増える。当然、両者ではルーティン（演技）構成も大きく異なってくる。さらにスケートボード競技は会場の形状自体が毎回違うのだ。

「スケートの場合、大会会場に着いたらまずパークの形状をよく見て、どのように滑るかを2時間くらいかけてイメージします。でも、実際に滑ってみると、イメージと全然ラインが合わないこともある。ひとつのラインが少しでも崩れたら、次に入る場所も変わるから全部が狂ってしまうので、その場で修正が必要。一方スノーボードは、滑り始める前にどのような演技をするか、かなりカッチリ決めこみます。スノーは頭の中のイメージと実際の滑りが一致しやすいんですけど、スケートは全然違う。これは本格的にやり始めて感じたことですが、スケートはパークに合わせてどこでもなんでもできるように準備ができていないといけない。逆にスノーボードはパイプの形状はどこも似ているので、場所に合わせるというよりも、自分を極めていく感じ。そこが大きな違いです」

競技者として二刀流に挑む平野の世界。常人にはなかなか理解しがたい面も多いのだが、どのように彼の挑戦を見れば、その片鱗を感じることができるのか。

「観てくれる人自身がやってないと、理解できないところも多い競技だとは思います。俺がおすすめしたいのは、実際ちょっとでもやってみること。楽しさや難しさを実感してもらってから観ると、ぜんぜん理解度が変わると思います。経験すると、技のすごさはもちろん、リスクだったり、スタイル、格好良さがもっと見えてくるんじゃないかな」

日本大学三軒茶屋キャンパスの中にある
バーチカルを滑った日の1枚。
こんな場所でいいのかなっていうところで滑りました。
自分1人しか滑れないサイズなんで、
すごく見られている感じとか、
周りの声が聞こえてくる感じがわかって不思議な空間だった。
なかなか体験できない気持ちになりました。
すごいありがたい経験でした。

2019.10 Nihon Univ., Tokyo, JAPAN

リオの大会前に滑り込みたいなという気持ちがあって、
数週間サンディエゴに滞在しました。
このエリアにはスケートパークがたくさんあるんですが、
なかでも近所の「アレックス」という場所は昔からあるパークで、
ホームみたいな感覚でよく通った場所。
スケート好きな人にはおすすめしたい。
写真のトリックはフロントフィーブル。

2019.11 San Diego, California, USA

この時期は大会の数も限られていて、毎回自分のベスト、
もしくはそれ以上の結果を出し続けないと
（オリンピックに出場するための）
ポイント的にも厳しい現実を把握していた。
今のままだと、後半まくられてもおかしくないなと思っていた。
自信をつけるためにも、大会前はできるだけみっちり練習したい。

2019.11 San Diego, California, USA

リンダビスタにあるパークで、ここも面白い。
周りのパークと比べると、
誰でも滑れる手ごろなサイズで滑りやすい。
しょっちゅう行きます。
ここでは、いろいろな小技の練習とかをしています。

2019.11 San Diego, California, USA

VANS
"OFF THE WALL"
STU

パークとストリートが違うのは、
グーフィーとレギュラーでできることがちょっと違うこと。
リオ大会の会場は、そういう意味で
自分の滑りとフィットしなくて正直難しかった。
なんとかしようとしたけど、
どうにもならないまま大会が始まってしまい、
最初から最後まで全然対応できなくて、
自分の滑りができなかった。
会場との相性によってどうしようもないことも
あるんだなと思い知らされた。

2019.11 Rio de Janeiro, BRAZIL

このブラジルでの大会は時間やスケジュール変更が多く、
寝ている途中で「今から始まるよ」と起こされたりとか。
夜の10時とか11時に急に練習が始まったり。
体も頭も起きていないのに、
やらなきゃいけないことが多すぎて大変だった。
普段にはない経験だから、そういうことも含めて良い思い出です。
今思えばですが……。

2019.11 Rio de Janeiro, BRAZIL

これもアレックスでの1枚です。
ボーダーのシャツを着ているのは珍しいので、
この日のことはめっちゃ覚えています。

2019.11 San Diego, California, USA

スケボーは本当、経験もスキルもまだ自分は全然だと思っていて、
そう考えると大会1つ1つを振り返って
自分の納得できたものは、まだありません。
毎回、大なり小なり、自分に足りないものを実感する。
それは、実戦の場でしか体験できないことだから、
世界中の大会に参加することで良い経験が積めているのかなとは思う。
そういう気持ちは次に生かされる。そういう大会でした。

2019.11 Rio de Janeiro, BRAZIL

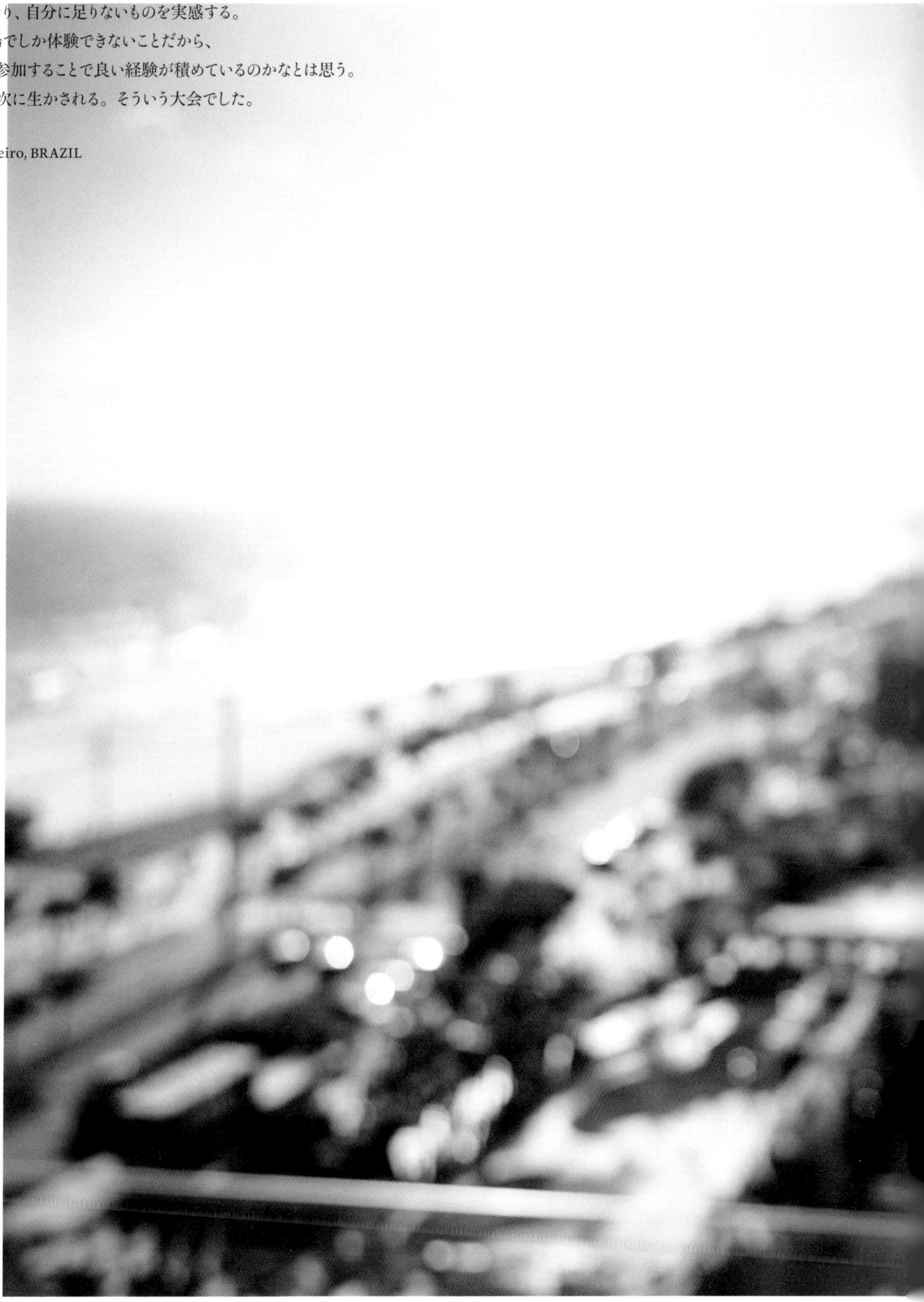

ユニクロの撮影で訪れた浅草にて。
数週間後、東京オリンピックが1年延期になって、
スケートとスノーを同時進行していかなきゃいけない状況になった。
スノーも徐々にではなく、急に仕上げていかなきゃならない。
乗ってなさ過ぎて不安な気持ちもあった。
毎日のように急変する状況に追いつかない気持ちもあった。

2020.3 Asakusa, Tokyo, JAPAN

東 TOKYO 京
35.681236 / 139.767125

1年振りにスノーボードを履いた日。
兄弟3人で滑って良い気分転換になったのでは、と聞かれるけど、
楽しさよりもいろいろと先を考える気持ちが強くて。
軽い気持ちでボードを履こうとは思わなかった。
やるからには短期間で、何をやらなきゃいけないのかと
明確に考えながら滑っていた。この時点では、
こんな状況でどっちもやるのは無理だな、とも思ったり。
滑ったのは短い時間でしたが、
集中して今までの感覚に戻すことを意識していた。
でも、スノーをやることになったらなったで、
スケートが心配になったり。
何かをすると、常にもう一方が気になってしまう。
ないものねだりなんだけど。

2020.3 Aomori, JAPAN

BU
ON

スケートボードとスノーボードの
バランスが難しいことは間違いない。
これからのスケジュールや時間に、
体が追いつけるのか。

2020.6 Murakami, Niigata, JAPAN

村上市スケートパークでトレーニング。
夏の間はどう過ごしたのか思い出せないくらい、
毎日ハードな練習をしていた
朝からスケートを滑った後には、
冬にスノーでやりたいイメージをバグジャンプ
（夏でもスノーボードのジャンプを練習できる施設）
で試して、またスケボーに戻っての繰り返し。
オーバーワークで体は辛かったけど、
具体的に定まった目的が自分にやる気を出させていた時期。

2020.9 Murakami, Niigata, JAPAN

2021.7 Murakami, Niigata, JAPAN

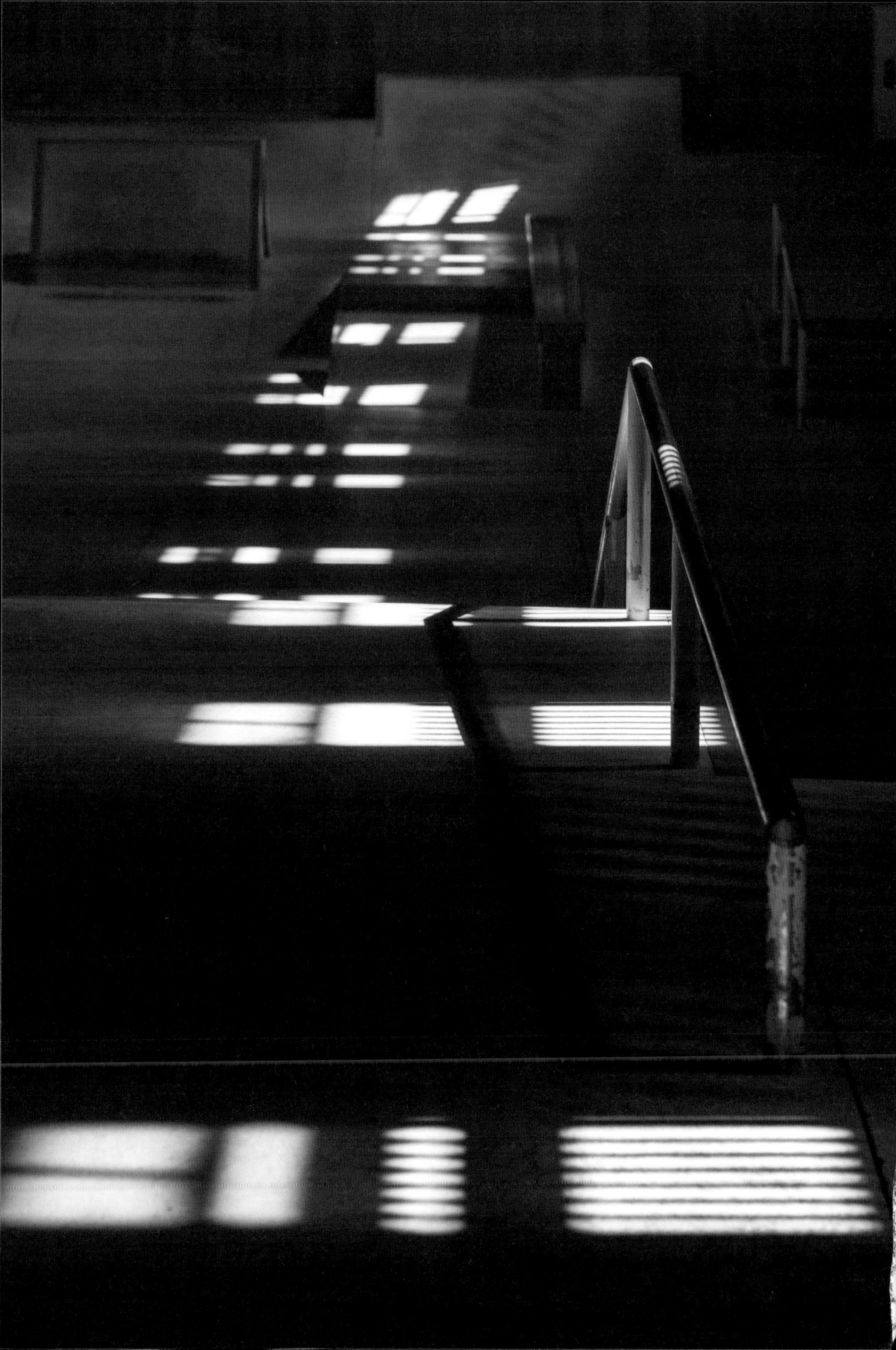

兄の英樹《えいじゅ》とは、平昌オリンピックまで一緒にスノーを転戦していた。
現在は村上市スケートパークに常駐しているので、
スケートのトレーニング中はずっと近くにいてくれる。
世界トップクラスのスケーターの映像を一緒に見て、
最先端の技の掛け方や流行の話が同じ目線でできるし、
閉館ギリギリまで同じボウルに入って
一緒に滑ることもできる頼りになる存在。

2021.7 Murakami, Niigata, JAPAN

今は弟の海祝《かいしゅう》がナショナルチームに選ばれている。
ずっと一緒に滑ってきた兄と入れ替わるように、
弟が同じレイヤーで話ができるようになった。

2020.10 Saas-Fee, SWITZERLAND

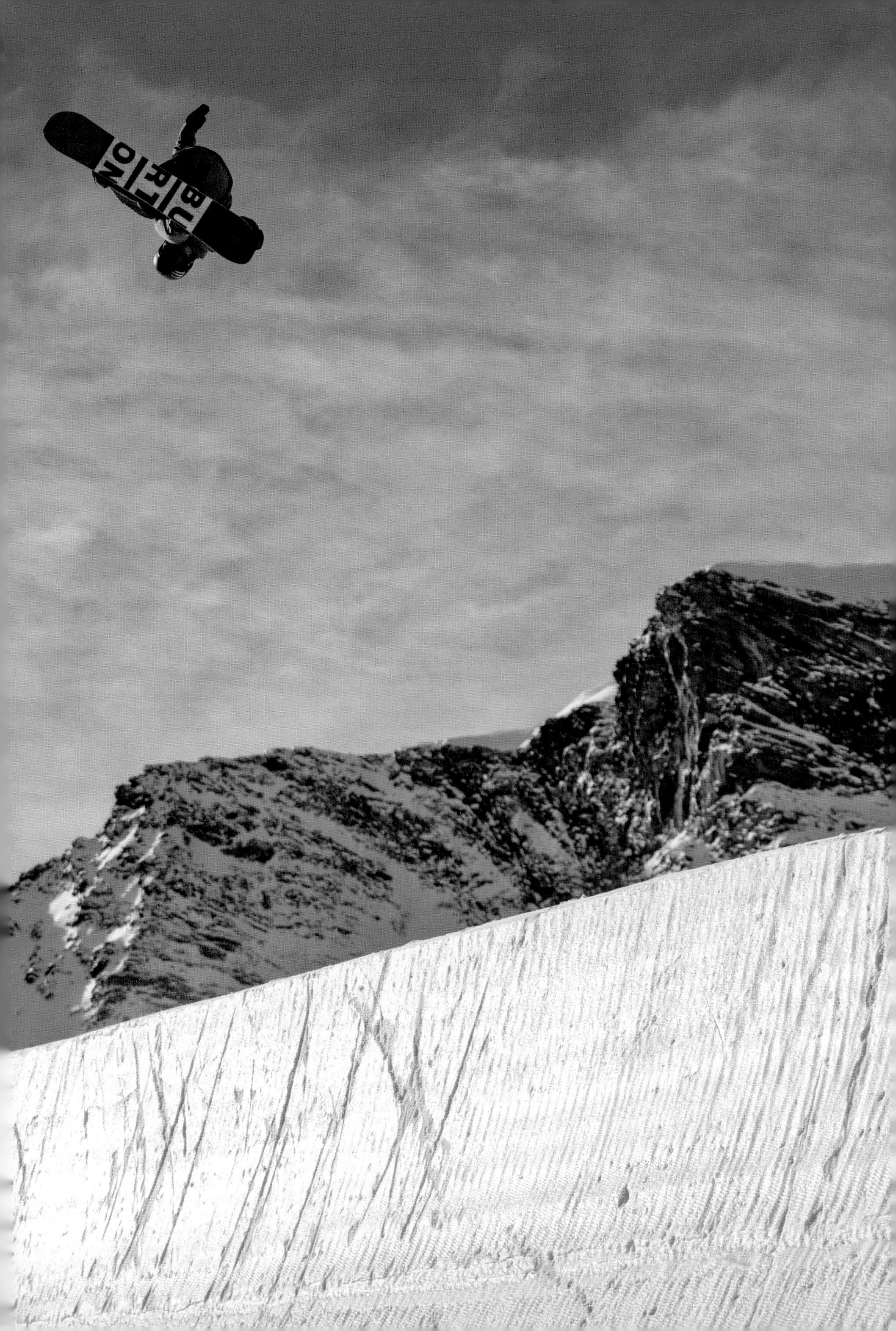
BURTON

9月からは、スイスで2年半振りの雪上トレーニングへ。
パンデミックの影響で1年間スケートの大会が
開催されないことに決まったので、
しっかり切り替えてスノーのスイッチが入っていた。
世界のTOP10ライダーが揃っていたので、
客観的に自分の出ていなかった期間の状況もリアルに見えたし、
みんなが本気で練習している姿がいい刺激になった。
またスケートの大会がこの先に開催されるかもと考えると、
ここでスノーの感覚を取り戻しておくのは大事だ。

2020.10 Saas-Fee, SWITZERLAND

スケートからスノーは対応しやすいけれど、
スノーからスケートに戻すのは難しい。
できるだけスケートを滑る時間も作るようにしないと。

2020.10 Saas-Fee, SWITZERLAND

もっと時間がかかると不安に思っていたけれど、
予想よりもスノーボードは戻ってきやすいなと。
実際にやってみて、わかった感覚から
手応えが得られたことはメンタル的にも大きい。

2020.10 Saas-Fee, SWITZERLAND

もともと2週間の滞在予定を1ヶ月半に延ばして、
もう自分が帰ってもいいなと納得できるまで
みっちり練習ができた。
平昌オリンピックの決勝で出した技は全部出せるまで、
スノーの感覚が戻ってきた。
自分自身は今までを超える滑りを目指しつつ、
みんなが何をやろうとしているのかを見られたのも収穫。

2020.10 Saas-Fee, SWITZERLAND

2020.10 Saas-Fee, SWITZERLAND

2020. 10 Saas-Fee, SWITZERLAND

平昌オリンピック後、初の公式大会。
オリンピックに出るにはポイントを
どうしても取らなきゃならない状況だった。
知っているライダーはほとんど出ていなくて、
その新しいメンバーと戦わないといけない、
ここで負けられないという
変なプレッシャーがあったけれど、
無事に優勝することができた。

2021.2 Aspen, Colorado, USA

コロナ禍の厳戒態勢の中、海外に出ることに不安は感じていたけど、
そこに立ち向かわなければ何も始まらない。
ここを踏み外すわけにはいかないなという気持ちがあった。
隔離があったり、PCR検査があったり、
最大限に気をつけながらいつもと違うことが当たり前にたくさんあった。
ドキドキしますよね。どうなってもおかしくない。
大会直前に開催されませんっていう状況もあり得たけど、
無事に帰ってこられてよかったなと思います。
なにより、自分の滑りをここで取り返さなきゃという気持ちが強くありました。

2020.12 Copper Mountain, Colorado, USA

飽くなきスタイルの追求

2019.11 Oi STU Open, Rio de Janeiro, BRAZIL

スノーボードがオリンピックの正式種目になったのは、平野が生まれたのと同じ年、１９９８年に開催された長野大会から。スケートボードは２０２１年の東京大会から採用されたばかりだ。

もともとは、どちらも競技性以上にカルチャー色の強いスポーツなので、勝てば良いという考え方だけでは広い意味での評価を得にくいという、他のスポーツにはない特性を持っている。簡単に言ってしまえば、ダサい、ダサくない、もかなり重要な要素となる。

それをよく表しているのが、横乗りスポーツで頻繁に出てくる「スタイル」という言葉。ＴＶでも「スタイル出てますね」などと解説されるので、耳にしたことがある方も多いだろう。ここでいう「スタイル」とは、簡単に言えばライダー自身の個性やオリジナリティだ。

平野自身も、数々のインタビューの中で「スタイル」という言葉を頻繁に使う。

「両方の競技に共通するんですが、ただ難しいトリックをメイクしたからといって、みんながみんなすごいってなるワケじゃなくて。やってきた人同士の独特な伝え方、伝わり方があるんです。技の難易度的にはたいしたことなくても『トリックのときの足や手の使い方がやばかった』とか『あのグラブのさし方はすげー渋い』みたいな。そういうスタイルを重視するところが、他のスポーツより大きいと思います。特にスケートボードは、それがより強い。自由さというか。誰かのためにやってるんじゃなくて、自分のためにこう滑っている、という実感がある」

横乗りは滑りのスタイルの中に、ライダーの人柄までが滲み出る。競技を見るときには、どうしても表面的なすごさばかりに目が行きがちだが、平野としては、その奥にあるスタイルにも注目してほしいと言う。

「ただ単純にめちゃくちゃ回ってるなとか、すごい高さ飛んでるなって見られがちだけど、それだけだとこっちが本当に表現したいことが伝わっていないかもと思ってしまうところもあります。伝わりづらいし、理解しづらいかもしれないけど、滑りの中にあるそれぞれがこだわっている部分にもぜひ注目してほしい」

平野の場合、スノーボードでは世界で初めてメイクしたダブルコーク１４４０の連発や、比肩するもののないエアの高さが持ち味。つまりは自身のスタイルだ。スタイルと勝負論の両立は、平野にとっても追求し続けていくべき課題。足が固定されていない分、細かいスタイルを出しやすく、自由度が広がるスケートボードを始めたことによって、「スタイル」への探究心はより一層増した。

「スノーボードの場合は競技自体が成熟してきていて、限界まで攻めた技をしなければ勝てない。遊びの部分は、圧倒的にスケートボードのほうが大きいと思います。だからこそ、スタイルが大事になってくる。自分の滑りに対してオリジナリティを持ちつつ、誰もやっていないこと（二刀流）を形にしているということが、俺にとっての一番のスタイルだと思っています」

こだわるべきポイントは、細かいところまで言い始めれば切りがない。たとえば飛んでいるときに足が寝ているか、寝てないか。飛び出した瞬間にグラブを掴む人がいれば、あえて遅く掴む人もいる。ライダーの数だけ、全てのアクションに理由がある。

「このままスケートを続けていったら、さらにスタイルの奥深さを知れるんだろうなと思う。メイク率はたとえ低くなったとしても、スタイルにこだわると見映えが変わる。好き、嫌いも人それぞれで幅広い。正解がない感じも面白いですね」

ディテールにこだわったからといって、採点に大きな影響があるわけではない。採点対象の技としてだけ見れば、グラブはグラブでしかないのだ。だから、スタイルだけを追求していては、コンテストライダーとして勝利を掴むのは難しい。スタイルと大会での勝利。その両者を同時に追求するのは、言葉にするほど容易ではない。

「スノーボードだけに取り組んでいたときは、コンテストライダーとしては、ときには格好悪いこともしなければいけないし、本意じゃない自分も飲み込んでいかないと、この世界では通用しないと思ってやってきました。でもカルチャーの部分がまだ色濃く残るスケートボードにも挑戦してみて感じたのは、好きという気持ちひとつで、年齢やレベルは関係なく突っ込む感じとかが、すごく格好良い。そういうスタイルの面を、スノーボードのほうでももっと表現していきたいと考えるようになりました。技術的なことだけじゃなく、そういう意味でも相乗効果はあると思いますし、それを俺が融合させることによって、スノーボード、スケートボードの両方がもっと盛り上がって欲しいという思いはあります」

UNI
QLO
ANTIHERO

ショーン・ホワイトは、いつも刺激をくれる存在。
俺よりもはるかにキャリアが長い分、自分がまだ見ていない、
これから見るかも知れない世界を見てきたんだろうな。
俺がスノーボードをやり始めたころからカリスマ的存在として戦ってた人が、
いまだ現役でやり続けているっていうのは、どれだけ自分を削り続けてキツいことをしているんだろう。
俺も同じような可能性を探っているので、彼がどこまで行こうとしてるのか興味があります。
ショーンの自分を全てさらけ出した戦い方は、俺から見ると唯一無二のスタイル。
他の誰も追いつけないくらいの歴史を作ってきた人ですよ。
スケートでもオリンピックに出るって聞いたときは、ちょっと気合い入ってたんですけどね。
本業とはまた別のところでオリンピックで戦える瞬間があれば、
それは面白いことだったし。でも、ショーンの年齢や経験、
アメリカ代表を争うスケートのレベルの高さの中で二刀流として戦おうとしていた姿は、
さすがだな、彼にしかできないことだろうなと思います。
スケートでのオリンピックを諦めたあとはどうなるんだろうって思っていたら、
やっぱりスノーのコンペシーンに戻ってきた。そうなるよな。
彼の性格や気持ちを考えると、俺の中ではこの後の展開も楽しみしかないです。
すごくリスペクトしてます。

2019.11 Sao Paulo, BRAZIL

東京に戻る直前。ドレッドのメンテナンス。

2021.7 Los Angeles, California, USA

国内で8年ぶりにハーフパイプの全日本選手権に出場して準優勝。
北京五輪シーズンの強化指定選手になることができ、
次はスケボーに切り替えなきゃいけなかった時期。
だけど、春の時点ではスケートの大会の開催は決まっていなくて、
目標を定めるのが難しかった。

2021.5 Des Moines, Iowa, USA

その後、DEW TOURの開催が急遽決まり、
集中してスケートを詰め込むためにアメリカへ。
4月にスノーボードの大会が終わってから、
大会まではわずか2週間。
練習時間がかなり短くて、不安しかなかった。
この1戦だけが東京オリンピックへの最後のチャンスとなって、
俺だけじゃなくて、みんな焦り始めていたと思う。
誰が代表入りしてもおかしくない状況が、いきなり迫ってきた。
オリンピックに出場するためのポイントを考えてみると、
とにかく限られた時間で集中して、
怪我しないで今以上にスキルアップをするしかない。

2021.5 Des Moines, Iowa, USA

スノーの練習はほとんど転ばないけど、
スケートはいくら得意な技でも失敗することの方が圧倒的に多い。
ほぼ生身の人対コンクリートの戦い。
スケーターたちは好きっていう気持ちだけで、
年齢も何も関係なく、そこに突っ込む格好良さ、空気感がある。
実際に向き合ってみて、
スケートカルチャーにいる人のタフさってすごいなって思う。

2021.5 San Diego, California, USA

スケートは間が空くとスキルが落ちるのが早い。
かなりの量を滑り込まないと戻らないし、
ほんと毎日ちょこちょこでもやらないとすぐ感覚が鈍る。
前回の自分を超えるには、とにかく毎日滑るしかない。
2時間練習して、ちょっと休んだら、また2時間集中。
スノーの1日の練習よりも長く感じます。

2021.5 San Diego, California, USA

2年くらい手探り状態の二刀流でやってきたことが
積み上がってきて、やっと先のことが見えてきたかな。
変わってきたこともあるけれど、
変わらないよりも良いことだと思ってます。

2021.6 San Diego, California, USA

1日中滑って、
納得できる滑りは1〜3本くらいかな。

2021.6 San Diego, California, USA

聴こえないけど、そばにある音

滑走前に平野がイヤフォンで音楽を聴きながら集中力を高めている姿は、映像でもよく見かける。オフショットを見ても、つねにその耳にはイヤフォンがある。平野自身も過去のインタビューで、「音楽は常に近くに置いておきたい」と語っていた。さぞかし思い入れのある曲ばかりなのだろうと、大事な大会のときにどんな音楽を聴いていたかを訊ねると、意外な答えが返ってきた。

「滑る前に曲を選んでいることは覚えています。でも、あのときなにをって聞かれると、まったく覚えてないですね。ソチオリンピックのときは、たしかめっちゃゴリゴリのヒップホップとか聴いてた記憶があるんですけど、でも普段からそういうの聴くかというとそうでもないし」

好きなミュージシャンですらないときも多い。だからここで具体的な曲名を出したとしても、それが平野のお気に入りの曲、とは限らないそうだ。

「普段から聴いている曲じゃないこともけっこうあるんですよ。そのときの雰囲気でこれにしてみよっかな、という感じで」

20曲くらいのプレイリストを大会に向かう飛行機の中で組み、競技の直前にその中から気分に合うものを選ぶ。横乗り系といえば、イケイケでテンポの速い曲かと思いきや、そうではないらしい。

「テンションが上がりやすい曲を聴くときもあったんですけど、だいたいそういうときは調子が悪くなるんですよ。タイミングがずれたり、一発目で飛びすぎたり。冷静さがなくなるんですかね。だから、基本的にはゆっくり系。いまからやること（競技）はすごくハードなのに、そうじゃない落ち着いた曲を聴くほうが調子出るなって感じますね。テンションの高い曲を聞いて、オラーってなるよりも、いつも通りの自分を保てるほうが大事。長いこと競技と音楽をすり合わせてきて気付いたことですね。自分でもけっこう意外な発見です」

人間離れした技を決める直前。素人からすると、アドレナリンを出したいところなんじゃないかと思うが、そこをあえて静かな曲で気持ちを沈静化する。平野の場合は、そのほうが良いパフォーマンスを出しやすいのだそう。いつもクールな印象の平野らしい、ブレのないセレクト。

「滑るスタイルによっても選ぶ曲って変わるのかもしれません。例えば俺がコンペティションをやってなくて、友達と滑りの撮影をメインに楽しんでいるタイプだったら、もっとノリノリの曲を選ぶかもしれないし、そっちのほうが良い滑りができるのかもしれない」

平野にとって、音楽も競技のパフォーマンスを上げるために必要不可欠なツールのひとつ。インタビューの中で名前があがった曲は、相当に予想外なセレクトだった。

「長渕剛とか尾崎豊とか聴いて滑ると、めっちゃ調子よかったりするんですよ。しんみり系で歌詞もめちゃくちゃ入ってくる曲なのに、なぜかすごく集中できたりするから不思議ですよね」

最後にしつこくもう一度だけ、一曲でも良いから「この大会でこの曲」のような、具体的なものを覚えていないか訊ねてみた。

「いや、ほんと申し訳ないんですが、覚えてないんです。スノーボードもスケートボードも、滑り始めると終わるまではなにも聞こえない。途中で口ずさんだりもしない。集中し始めると耳にも入ってこないですね。滑る前にちょっとだけ雰囲気を感じられるだけでいい。そんな感じなんです」

サンディエゴにて東京オリンピックを見据えて最終調整を敢行。
パークに順応する力を日々高めるべく、
1日に2、3ヶ所のパークをハシゴするのが日課だった。

スノーボーダー以上に、スケーターは
スタイルにこだわっているから勉強になる。
グラブの掴み方ひとつ、
足の寝かせ方ひとつにも、こだわってみたり。
そのあたりは、スノーボードにもいつか
生きてくる経験だと思う。

2021.5 Des Moines, Iowa, USA

2021.5 San Diego, California, USA

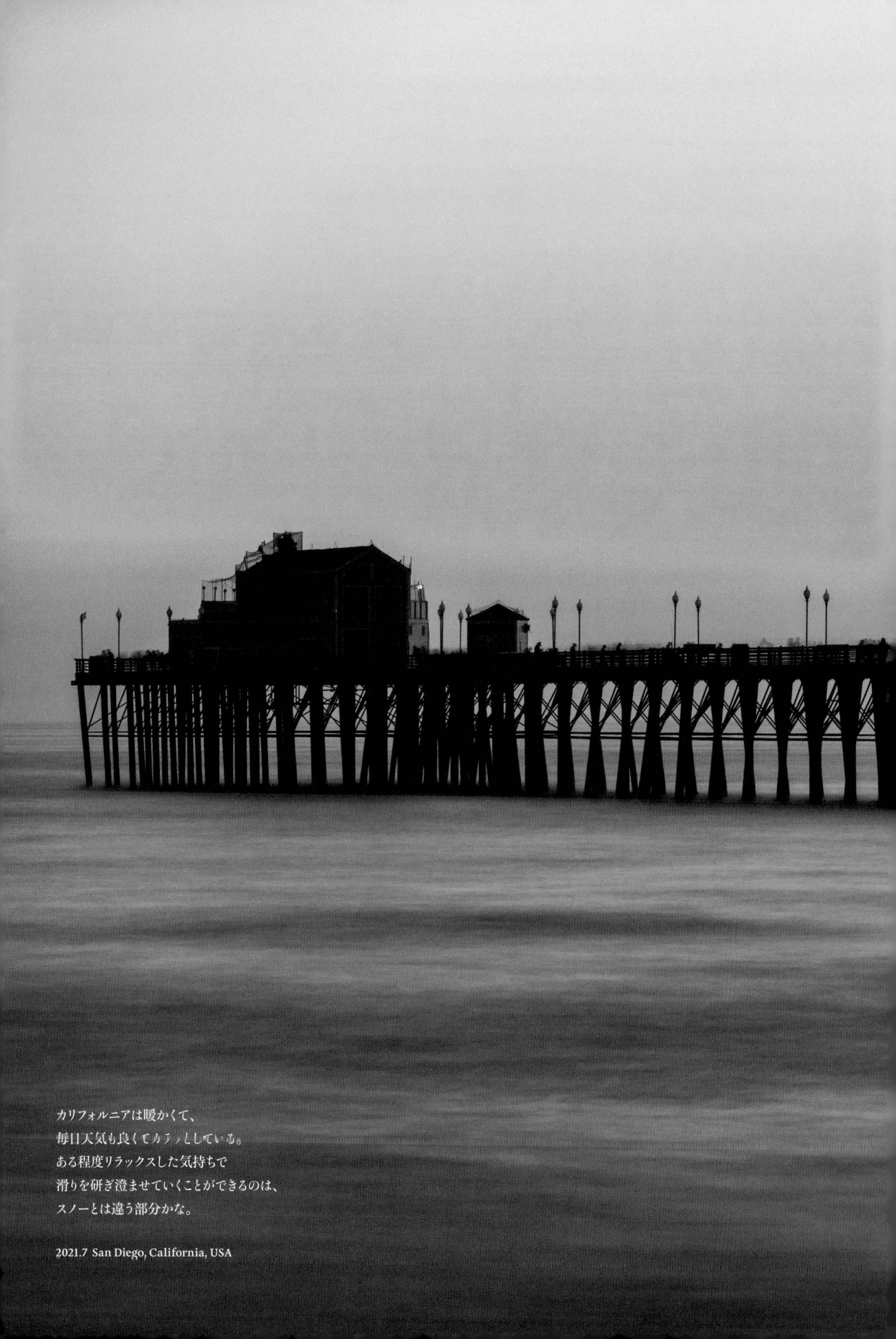

カリフォルニアは暖かくて、
毎日天気も良くてカラッとしている。
ある程度リラックスした気持ちで
滑りを研ぎ澄ませていくことができるのは、
スノーとは違う部分かな。

2021.7 San Diego, California, USA

自分の滑りに対してオリジナリティは持つべきだと思ってます。
誰もやっていないことを形にしているということが
俺にとってのスタイルです。

2021.6 San Diego, California, USA

手探り状態から2年やってみて見えてきたものがある。
やってみなきゃわからなかったことが、
ようやく少しわかってきました。

2021.7 San Diego, California, USA

2019.11

2019.7

2020.10

2020.6

2019.11

2021.8

2021.4

レンズ越しに見てきた平野歩夢

歩夢との付き合いは、彼が8歳の頃からなので、かれこれ15年近くになります。仕事柄、これまで上手なスノーボーダーはたくさん見てきました。その中でも、幼少期の歩夢は技術的なことはもちろんすごかったのですが、なによりも競技に取り組む姿勢がずば抜けていた。誰よりも早く練習を始めて最後まで滑る。練習量が段違いだった。

親に言われたからやっているのではなく、なぜ自分が滑るのか、子供ながらに自分ごととして考えられているようでした。仮に大会で調子が悪くても、文句は一切言わない。純粋に自分自身が弱いから負けたんだと練習を繰り返す。私が彼をサポートしたいと思った一番大きな理由、この姿勢は昔も今も変わりません。

ちなみに、アクションスポーツにおいては「上手い、下手」はもちろん「ダサい、ダサくない」も意外と重要な要素なんです。歩夢は子供の頃からキャップを何種類も揃えたり、おしゃれへのこだわりが強かった。すでに何がかっこいいかという考えを持っていたのは、同年代の他の子とは全く違う点でした。出会った当時から今も、クールな性格はずっと変わりません。

＊

歩夢の生まれた１９９８年は、長野オリンピックでスノーボードが正式種目になった年です。毎回2月に行われる冬季オリンピックには年齢の規定があり、前年の12月31日の時点で15歳になっていないと出場することができません。13歳になったばかりの年末、11月29日生まれの彼は２０１４年開催のソチオリンピックにギリギリ出られそうだとわかり、私たちは出場するための計画を逆算し始めました。国際スキー連盟の英語のルールを全て読み漁り、ソチに出るために必要な条件を徹底的に調べ上げる毎日。非凡な才能を前にして、「この状況を見て見ぬ振りできるのか？」という義務感が私の原動力でした。

ソチに出場するには、まず日本代表に選ばれなければ話は始まりません。今まで一度もW杯に出ていない選手を、どうやってナショナルチームに入れるか。ワールドカップより上の大会、X GAMESで結果を出すしかない。では、X GAMESに出るにはどのくらいの実力が必要か、どんな技が必要か。そうした話し合いから戦略を立て、目指すトリックを決めて、練習環境を整えていきました。

半年後、13歳にして当時は世界で数人しかできなかったダブルコークを完成させ、歩夢の無双のシーズンが始まったんです。その滑りには「世界最高峰の技を俺はできるんだ」という自信が溢れていました。このシーズンは、X GAMES初出場で準優勝。ツアーの年間チャンピオンにも輝いて日本代表入りを決め、勢いのままに出場したソチオリンピックの大舞台でも銀メダル。誰も文句ない結果でしょう。嬉しかったですね。彼の活動を写真や映像で記録し始めたのも、この頃からです。

＊

ある程度のレベルでやっていれば、アスリートは年齢を重ねることによって立場がどんどん変わっていきます。歩夢の場合、初めてのオリンピックは、全力で目の前のことをやっているうちにメダルを取っちゃった感覚だったと思います。本人は計算してどうこう、ではなかったはず。しかし、以降は勝つために必要なことを意識的にひたすら積み上げねばならない立場になりました。

しかし、この3年間は新しい挑戦をすることで立場と視点を変えることができた。最初の年は結果が出なくて当たり前だよねと受け入れつつ、そこで見えてくるものがきっとあるはず、というのが二刀流挑戦の意図だったんです。

辛そうだったのは、２０２０年にオリンピックの延期が決まった頃でしょうか。結果もそこまで出ていないなかで、代表選考に関わるスケートの大会は全て延期になってしまい、そもそもオリンピックの開催自体が不透明になってしまった。練習はしているけど、目標がなくなり、フィジカル的にもメンタル的にも苦しかったはずです。

そんな雰囲気が変わったのは、3月に兄弟3人で久々にスノーボードに出かけてからでした。それまではスケートばかりだったので、やっぱりスノーボードの楽しさを再認識したと思うんです。変わらず状況は苦しかったけど、3人で滑ってからは「まあ、やるしかないよね」と明らかに立ち直ったように見えました。

誰も成し遂げたことのないものを目指す挑戦は、一見孤独に見えるかもしれませんが、じつはその陰には家族の大きなサポートがあります。スノーについていうと、平昌オリンピックまで、歩夢は兄・英樹の背中を追い続けていました。英樹が現役を引退したあとは、弟の海祝がスノーボードで本格的に世界を目指し始めた。2020年シーズンの時点で、すでに海祝もナショナルチーム入りをしています。つまり、ずっと一緒にやってきた兄と入れ替わるように、弟と一緒に競技を戦い続けることができたんです。現在、英樹は村上市のスケートパークに常駐しているので、スケート面を見てくれている。挑戦自体は孤高ですが、兄弟2人と常に一緒にできていることの影響はめちゃくちゃ大きい。幼少期から両親のサポートも手厚く、平野家は家族で戦っている感じがします。

＊

2020年は、春から夏までスケートとスノーの練習を並行して進めるキツいトレーニングを毎日続けてきました。体的には辛くても、両方やり込んで基礎的な動きを体に覚えさせるしかない。「辛すぎて、これ以上続けたら体が動かなくなっちゃうな」ってよく言っていましたけど、やめることはできないし、葛藤ですよね。

その成果もあり、9〜10月にスノーのトレーニングのために訪れたスイスでは、2年半振りのハーフパイプにもかかわらず、平昌の決勝で出した技は全部出せるまで感覚が戻った。真夏にスノーボードの基本動作を延々と繰り返すトレーニングは辛かったはずなんですけど、それを続けたからこそ、これだけスムーズに雪の上に戻ってこられたのだと思います。もっと時間がかかると考えていたけど、この結果には私も歩夢も驚きで。スノーもちゃんとやれば戻るぞ、意外にいけるぞっていう手応えが得られたのは大きかった。

2021年に入ってからは、スノーボードは日本代表に戻れるかわからない状況で、スケートボードだって5月の大会が終わるまでは代表は確定ではなかったので、最悪、スケートでもスノーでもオリンピックに出られない可能性がありました。それが4月にスノーはナショナルチームに戻れて、スケートも5月でほぼ代表に決まったあたりから、少しだけ余裕が出てきたように感じます。

技術的な面では、まだまだスノーとスケートを100％融合できてはいないでしょう。でも、スケートへの挑戦が歩夢の中のチャレンジャー精神を呼び覚ましてくれた。常に追われ続けて、1位に居続けなきゃいけない、そんな状況って苦しいじゃないですか。スノーも新しい技が出てきたり、追いかけなきゃいけない苦しさもあるとは思うけど、その状況を楽しめる余裕みたいなものは二刀流挑戦を経て得られたのではないでしょうか。

歩夢以外のライダーは、北京に向けて4年間かけて準備をしている。歩夢は去年戻ったばかりなので、1年半ほどで準備をしなきゃならない。北京に向けて、もちろん新たに取り入れたい技には着手しています。シーンの流れに寄せていくのか、それともそれらをぶち壊して新たなもので勝負するのか。どの形で勝負するのか、結果がどう転ぶのかはわかりませんが、世界中で彼しかできない経験を経て北京に臨めるのは、楽しみでしかありません。

私はプロカメラマンではないので、今回の本を出版する話をいただいた当初は迷いがありました。でも、常識に捉われず、新しいものに挑戦し続ける歩夢の姿をすぐそばで見ていて、私だって何か未知なるものに挑戦してもいいのではと、背中を押してもらえたんです。

親子ほど歳は離れていないけど、友達ってほど近くもない。私は歩夢を最高のチームメイトだと思っています。

篠﨑公亮

Kousuke Shinozaki

©dean blotto gray

1980年生まれ。平野歩夢の専属マネージャーを務め、共に世界を転戦しながら、本書の写真撮影を手がける。スポーツ庁のナショナルトレーニングセンター（ハーフパイプ）強化拠点施設のディレクター、平野の会社のマーケティングディレクターも兼任する。平野家と同じ3人兄弟の父。

運転好きなので、移動時のハンドルはいつも自ら握る。

2019.11 San Diego, California, USA

遠征中の食事は基本的に自炊で、大体歩夢が担当してくれます。
隠し味までこだわるから私が作るより美味しいんですよ。
私は洗い物担当が多いですね。
ちなみに、この日の夕食は巨大ピーマンの肉詰めでした（篠﨑）。

2021.7 San Diego, California, USA

海外の良いところは、スケーターの中にも
いろいろなジャンルがあって、いろいろな人がいて。
そういう人たちが一緒の場所で滑っているところ。
上手な人が、さりげなくまだ上手くできない人に譲ったり。
そういうところが、スケートシーンを良くしているなって思います。

2021.6 San Diego, California, USA

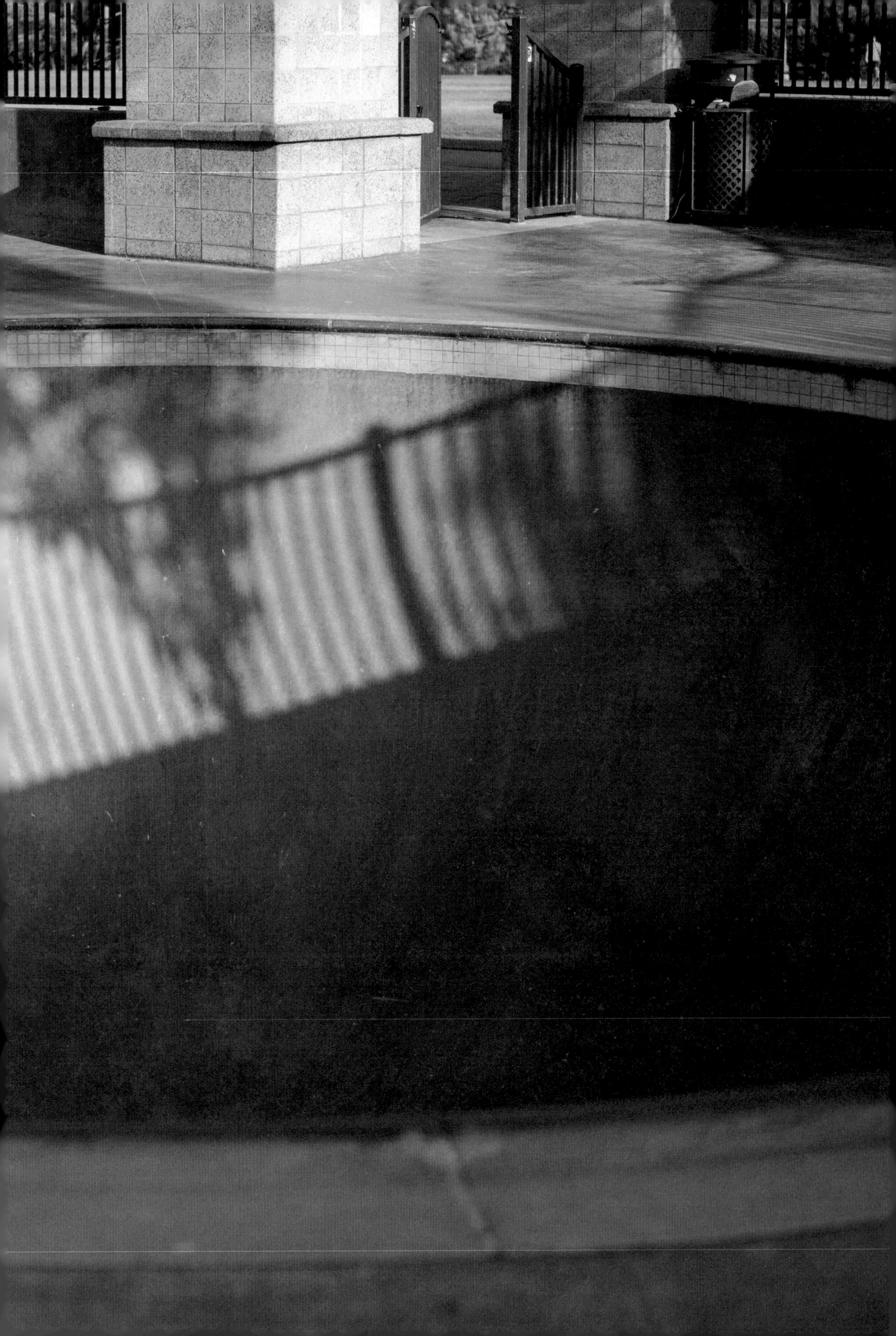

2021.7 San Diego, California, USA

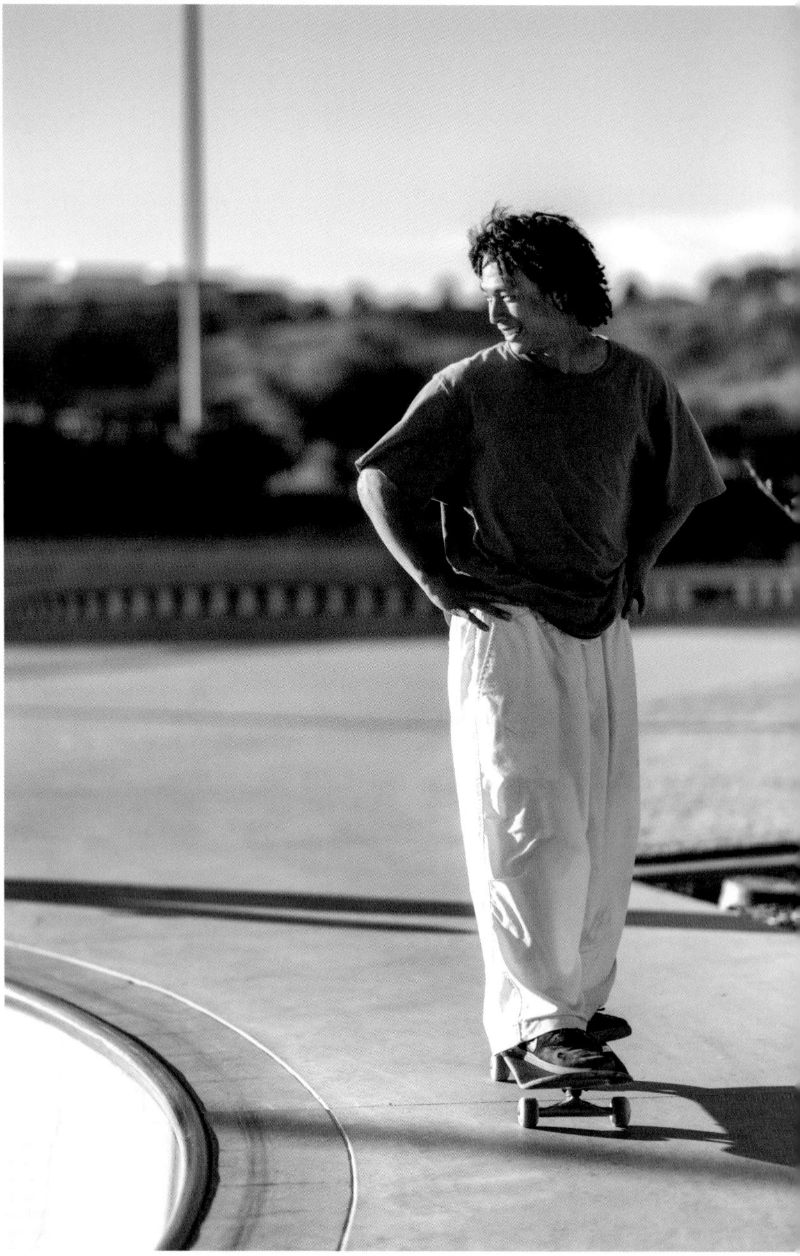

スケートにチャレンジすることによって、
自分の表現力がスノーだけじゃなくなる。
ある程度やってみたからこそわかることを、
いろいろな視点から今後につなげることが大事。
その点で、二刀流に挑戦する意味合いは大きいと思っている。

2021.6 San Diego, California, USA

スノーの世界ではもう自分はゼロからってことはできない。
ゼロから上を目指すという初心や自分自身と戦う気持ちを、
もう一度スケートから学びたい。

2021.6 San Diego, California, USA

SOCHI 2014
sochi.ru 2014

2022年。限界の先を目指して

二刀流を宣言した当初、平野は「他人が辿り着けないようなことを夢にしたい。誰も経験していない自分にしかできないことを表現したい」といった発言をすることが多かった。しかし、東京オリンピックを目前に控える時期になって、その内容が少し変わってきた印象がある。話の中に「子供たち」や「未来」というワードが頻出するようになったのだ。

「3年間二刀流にずっと打ち込んできたことで、先のことが少しずつ見え始めてきたのかもしれません。まだ知りきれてはいないけれど、始めた頃よりもわかってきたことがたくさんあって、だいぶ考えやすくなってきました」

最初は「誰もやっていないこと」という、シンプルに自分自身への挑戦がきっかけではあった。しかし手探り状態で二刀流に挑戦し続けるうちに、この表現を通して自分がなにをどのように伝えたいのか、ようやく考えられる気持ちになってきたのだと言う。

「スポーツだけじゃなくて何事も本気で打ち込んだときって、やり切る勇気が持てなかったり、やりたくない気持ちになってしまう瞬間が必ずあると思うんです。本気であればあるほど、やっても無駄かもとか、どうせ俺なんて失敗するに違いないって気持ちは湧いてくる。もしも、誰かがそんな気持ちや立場になったときに、俺の今回の挑戦がちょっとでも力になってくれたら嬉しい」

どこか遠いところですごいことをやっている他人、で終わらせるのではなく、自分自身の現実に置き換えて考えてみるきっかけになってほしい、と平野は続ける。

「もう少し頑張ってみようとか、なにか夢が持てたとか、周りの人にそう思ってもらえるのが俺にとっては一番。でもそのためには、まずは俺自身がいかに表現してみせるかがなにより大事。その結果、子供たちに『平野歩夢を追い越したい』と思われる存在になれたら最高ですね。俺も子供の頃にそう思えた存在がいて、それが大きな力になったからこそ、今の自分がいるので」

持っているものを全て出し切り、横乗りや競技の魅力をさらに広めたい。兄弟や家族、身近な人やその先にいる人にまで、力を与えられるようなパフォーマンスを見せたい。そんな気持ちを胸に臨んだ東京オリンピックでは、残念ながら上位８人で争う決勝の舞台に進むことは叶わなかった。

しかし、スノーボード仕込みの高いエアや５４０もメイクし、持ち前のアグレッシブな滑りを披露。世界最高の舞台に立ち、全力でプッシュし続ける姿は、大きな興奮と感動を呼んだ。

「楽しく滑れたので、この経験を次に生かしていきたいなと思います。悔いなく終われました」

試合後のインタビューで見せたやりきった表情も印象的だった。

年齢や人種の壁を軽々と飛び越えるスケートボード競技の魅力は、画面越しに多くの視聴者に届いたのだろう。オリンピック後、全国のスケートボード教室には子供たちが殺到しているらしい。スケート施設や設備の不足がメディアに取り上げられるなど、平野の挑戦が日本のスケートボードを取り巻く環境に大きな一石を投じたことは間違いない。

そして、休む間もなく次なる挑戦は始まっている。北京オリンピックの開催予定は、東京から半年後の２０２２年２月。残された時間は短いが、今日も変わらずどこかで平野は限界まで努力を積み重ね続けているに違いない。

２大会連続銀メダリスト、22歳という脂の乗り切った年齢で迎える北京オリンピックでは、堂々金メダル候補の１人。この大会は、二刀流として挑む平野の集大成的大会と考えるのが一般的だろう。ところが話を聞いてみると、そこさえも彼にとっては通過点でしかないらしい。

「北京オリンピックで終わりとか、まったく考えていないです。俺は『自分の人生において』という基準で、スノーボードもスケートボードも両方ずっともがきつづけたいし、走り続けられるところまで走りたい」

二刀流への挑戦を経て、世界のトップに居続ける原動力である求道者的姿勢に加え、チャレンジャーとしての気持ちを取り戻した平野の見据える先は驚くほど広い。

「なんなら10年後も滑り続けて、若い子達の力になるような姿を見せられたらと思います。将来振り返ったとき、ここはまだ始まったばかりだったと思えるように、これからも自分の世界で戦い続けていきたい」

平野歩夢の挑戦をめぐる物語は、まだ序章に過ぎない。

チャレンジャーの立場で
限られた半年間に込めた限界の先に挑戦したい

2005.8

始まりの場所。日本海スケートパーク にて

2021.8

東京オリンピック出場直後。村上市スケートパーク（旧・日本海スケートパーク）にて

平野歩夢 年表

1998年	新潟県村上市生まれ
2002年	4歳でスケートボードを始める。半年後にスノーボードもスタート
2007年	小学2年生。テレビ出演 「スノーボードとスケートボードの世界一になりたい」
2011年	全米オープンジュニアジャム優勝。翌年も連覇を達成
2013年1月	14歳でX GAMESハーフパイプに初出場で準優勝
2013年8月	W杯開幕戦ニュージーランド大会で初優勝
2014年2月	ソチオリンピックのハーフパイプにて15歳74日で銀メダル獲得。日本人冬季五輪史上最年少メダリスト記録を樹立
2015年	ワールドスノーボードツアープロシリーズ男子ハーフパイプ部門の初代シリーズ王者に輝く
2016年1月	LAAX OPENにて優勝
2016年	X GAMESハーフパイプで優勝。日本人初の快挙
2017年3月	BURTON US OPENで転倒し、左膝靭帯損傷、肝臓損傷の大怪我を負う 「いやー、終わったって思った。怪我して2日くらいしたときは、絶対にもう滑れないなって。自分が怪我している間に周りが練習を続けている悔しさはあります」
2017年8月	雪上練習を再開
2017年9月	W杯初戦ニュージーランド大会出場 「金メダルを目的にオリンピックに出るなら、攻めて周りを黙らせる滑りをするしかない。さりげなく勝つのは嫌ですね」

	うと思っています」
2019年3月	表明からわずか4ヶ月後。初出場の大会、スケートボード日本オープンで3位 「まさか3位になれるとは。誰もがやったことがないことにチャレンジしているので、正解もないと思うし、みんなの期待に応えられるほど簡単な道のりでもないと思う。チャレンジしてみんなに伝わること、それが全てだと思う」
2019年4月	「村上市スケートパーク」が完成
2019年5月	日本スケートボード選手権大会に初出場で初優勝。東京オリンピックの強化指定選手に選出される 「ここまで来られるとは思わなかった。一歩進めた実感がある」
2019年6月	アイダホ州ボイジーにてRoad To X Games出場。予選敗退 「エアターンを武器にしなきゃ、目立たせなきゃと思っていた」
2019年7月	国際オープン南京大会。準決勝進出 「思っていたよりも滑れたなという感覚」
2019年9月	スケートボード世界選手権ブラジル大会出場。準決勝進出。17位 「いい経験にしかなっていない。ここで安心しないで、また次のステップを踏んで行けたらいいなと思った。スノーボードで培ってきた踏み込みや高さは、スケートでも武器にしていかなければいけない」

2017年12月	W杯第2戦アメリカ大会。優勝 「やっと自分の感覚が戻ってきた。他のライダーが全開でパフォーマンスをしても、それを上回れる滑りを常に目指している。そこで何も言わせないような滑りが、自分のイメージ通りの滑り」
2018年1月	X GAMESハーフパイプで優勝。史上初めてダブルコーク1440を連続で成功させる 「オリンピックと同じくらいの気持ちを持って出場したので、自信になるものは身につけられた。怪我をしたことを思い出すので、できれば連続4回転はやりたくないけれど、恐怖やまた同じ思いするかもっていう思いは頭にあるけど、やらなきゃ勝てないなっていう現実を感じつつ挑戦した結果。やらずに逃げて負けるのは嫌なので、ビビってでも挑戦してオリンピックにかけていきたいと思います」
2018年2月	平昌オリンピックにて2大会連続銀メダルを獲得
2018年3月	BURTON US OPENにて優勝
2018年11月	2020年開催予定の東京オリンピックでスケートボードの代表も目指す「二刀流」を表明。東京オリンピックまでの1年半、スノーを休み、スケートに専念する 「オリンピックの正式種目になってしまった以上、スルーするわけにはいかない。一つの挑戦として、自分の成長のために頑張ろ

2020年3月	東京オリンピック延期決定 「プラスに捉えてひたすら練習している」 1日9時間。練習漬けの毎日
2020年3月	1年振りに雪山へ。兄弟3人で出かける
2020年9月	スイス・サースフェーでおよそ2年半振りに、本格的にスノーボードの練習を再開 「ずっと雪の上で滑れていなかったけど、そこまで違和感なく滑れている。スケートボードをやっていたことが、なにか自信になっている」
2021年2月	コロラド州アスペンにて3シーズンぶりにスノーボードの国際大会に出場して優勝 「優勝するつもりで来ていたので順調に踏み出せた。いい気持ち」
2021年4月	国内で8シーズン振りにスノーボードの大会、ハーフパイプ全日本選手権に出場して準優勝。北京五輪の強化指定選手になる 「（スケボーをやると言わなければよかったと）考えたことはあるけど、大変だからとか、難しいから止めるわけにはいかない。続けていくことでなにかが変わると思うので」
2021年5月	アイオワ州でDEW TOURに出場。東京オリンピックの出場権をほぼ確実にする
2021年7月	東京オリンピック代表内定。日本人男子史上2人目の夏冬オリンピック出場
2021年8月	東京オリンピック出場
2022年2月	北京オリンピック開催予定

平野歩夢

Ayumu Hirano

1998年11月29日生まれ。新潟県村上市出身。2014年ソチ、2018年平昌オリンピックのハーフパイプ男子で2大会連続銀メダルを獲得したトップアスリート。Forbes JAPAN誌の30 UNDER 30 JAPAN 2019に選出されるなどアスリートの枠を超えて活躍中。2021年東京オリンピックではスケートボード、2022年北京オリンピックではスノーボードという前人未到の横乗り二刀流で世界に挑戦している。

Two-Sideways　二刀流《にとうりゅう》

2021年 9 月24日　初版発行
2022年 2 月25日　再版発行

著者　平野《ひらの》 歩夢《あゆむ》
発行者　青柳 昌行
発行　株式会社KADOKAWA
〒102-8177　東京都千代田区富士見2-13-3
電話 0570-002-301(ナビダイヤル)

印刷所　凸版印刷株式会社

●お問い合わせ
https://www.kadokawa.co.jp/ （「お問い合わせ」へお進みください）
※内容によっては、お答えできない場合があります。
※サポートは日本国内のみとさせていただきます。
※Japanese text only

定価はカバーに表示してあります。

ISBN978-4-04-897109-6　C0075